Angers, le 27 Fructidor, an 5 de la
République une et indivisible.

LES ADMINISTRATEURS

DU DÉPARTEMENT

DE MAINE ET LOIRE,

Aux Administrations municipales de son
arrondissement.

CITOYENS COLLÈGUES,

VOUS avez dû recevoir la loi du 14 thermidor, concernant la répartition et la perception de la contribution personnelle, mobiliaire et somptuaire de l'an V, enre-

(2)

gistrée et publiée au département, le 1.er
fructidor. (*)

Cette contribution, suivant l'article XV,
est composée de trois taxes ; la cote personnelle, la cote mobiliaire et les taxes
somptuaires.

La cote personnelle est commune à tous
les habitans, les seuls indigens exceptés.
Elle est due à raison de l'universalité des
facultés de chaque contribuable jouissant
de ses droits, et ne peut être moindre de
30 sous, ni supérieure à 120 liv.

La cote mobiliaire ne porte que sur les
salaires publics et privés, sur les produits
de l'industrie, du commerce, de l'exploi-
tation et des fonds mobiliers, et généralement
sur tous les revenus autres que ceux soumis
à la contribution foncière.

Elle doit être réglée à raison des revenus
ci-dessus énoncés, dont jouit chaque contribuable à la déduction de ses charges ; la
loi ne fixe point de *maximum* pour cette

(*) C'est par erreur que l'on a daté l'arrêté du département,
du 4 thermidor.

taxe , qui doit être au moins le double de la cote personnelle.

La cote personnelle doit donc être répartie à raison et en proportion des revenus tant fonciers que mobiliers , dont jouissent les habitans d'une commune, tandis que pour la cote mobiliaire , il faut , sur la totalité de ces revenus , déduire ceux provenant des biens-fonds.

Ainsi, deux citoyens , l'un propriétaire, l'autre négociant , marchand ou fabricant , ayant chacun un revenu égal de deux mille livres , paieront une cote personnelle que l'on suppose de 3o francs ; mais pour la cote mobiliaire, le premier en sera exempt , attendu que ses revenus sont déjà frappés de la contribution fonc ère : les autres au contraire seront susceptibles d'une cote mo-biliaire, qui ne pourra être moindre de 6o francs ; en sorte qu'en définitif le proprié-taire ne paiera que 3o francs ; et les autres 9o francs.

Dans le cas où un citoyen aurait, à-la-fois , des revenus fonciers et des revenus mobiliers , voici comme il faudrait opérer :

Supposé qu'un citoyen ait un revenu total

de 12,000 francs , dont 9,000 francs en biens-fonds, et 3000 francs provenant d'une profession ou d'un commerce , ou de rentes non-foncières ; supposé ensuite sa cote personnelle fixée à 100 francs , son revenu mobilier étant le quart de son revenu total , vous prendrez le quart de sa cote personnelle ; c'est - à - dire , 25 francs , et vous fixerez sa cote mobiliaire au moins au double ; c'est-à-dire , à 50 francs : alors il supportera en définitif 150 francs , savoir ; 100 francs pour sa cote personnelle , à raison de son revenu total, et 50 francs pour sa cote mobiliaire fixée à raison du quart, qui , dans son revenu total, provient des facultés mobiliaires.

Il est essentiel d'observer que , dans la fixation , tant de la cote personnelle que de la cote mobiliaire, il faut, en établissant le montant de l'universalité des facultés d'un citoyen pour base de la première , et le montant de ses seules facultés mobiliaires pour base de la seconde, examiner quelles sont les charges dont il peut être grevé, s'il est célibataire ou marié , ou père de famille, et quel est le nombre de ses enfans.

Les taxes somptuaires portent 1.º sur les domestiques , 2.º sur les chevaux , mulets et voitures de luxe.

Chaque citoyen doit payer à raison des domestiques mâles ou femelles qu'il a à son service , les taxes portées dans l'art. vingt. La loi excepte les domestiques hommes ou femmes âgés de plus de 60 ans , et ne regarde pas comme domestiques les apprentis et compagnons d'arts et métiers , les individus gagés , employés uniquement à la charrue , à la culture , ou à la garde ou au soin des bestiaux.

Chaque citoyen doit également payer à raison de ses chevaux ou mulets , carrosses ou voitures de luxe roulant habituellement , conformément à l'art. 21 de la loi.

Vous remarquerez que la taxe sur les chevaux de carrosse est progressive, et augmente pour chaque cheval , tandis que la taxe des chevaux de selle est toujours la même pour chaque cheval , quel que soit le nombre des chevaux ; la taxe des cabriolets et carrosses est également la même pour chaque voiture, quel qu'en soit le nombre , et n'est point progressive.

Enfin, les cotes personnelles et mobiliaires ne sont dues qu'au lieu du domicile où le contribuable exerce ses droits de citoyen. Si un citoyen a, dans une commune où il ne fait pas son domicile, des domestiques, des chevaux ou des voitures, il doit y acquitter les taxes somptuaires. Ainsi, la commune où réside un citoyen, doit l'imposer pour les cotes personnelles et mobiliaires, à raison de ses facultés, quoiqu'éparses dans plusieurs communes ; tandis qu'elle ne doit, pour les taxes somptuaires, imposer que les domestiques, chevaux ou voitures, que le contribuable a dans son enceinte.

Sitôt la réception de notre mandement, le président de l'administration municipale convoquera 1.º les agens municipaux ; 2.º un habitant de chaque commune : ils s'occuperont ensemble de la répartition du contingent du canton entre toutes les communes.

Ils commenceront d'abord à répartir la somme assignée en cote personnelle. Supposons-la de vingt-un mille trois cents francs; la première commune ayant deux mille contribuables, aura deux mille fois 3 francs

55 centimes ou 3 livres 11 sous , ou 7,100 francs ; la deuxième ayant mille contribuables, aura aussi mille fois 3 francs 55 centimes , ou 3,550 , et ainsi de suite.

Sur l'autre partie de son contingent , l'administration municipale prélevera d'abord ce qu'elle croira possible d'assigner à chaque commune en taxes somptuaires , et répartira le surplus, d'après ses connaissances , sur les facultés mobiliaires des communes , en ne perdant pas de vue que , si quelqu'une d'elles avait un grand commerce , on devrait , à sa cote personnelle , ajouter une plus forte cote mobiliaire , afin de pouvoir diminuer les communes peu aisées , et supprimer la cote de celles qui sont pauvres.

Dès que l'administration municipale aura terminé sa répartition , elle en formera un arrêté motivé , qu'elle fera passer sans délai à l'administration centrale qui , par l'art. 8 de la loi , est chargée de revoir l'opération , d'en examiner les principes , les détails , les calculs ; de la réformer , si elle le juge juste et nécessaire , et de l'arrêter définitivement.

A la réception de cet arrêté et du tableau

qui y sera joint , l'administration municipale , connaissant définitivement le contingent de chacune de ces communes, adresssera
à l'agent municipal de chaque commune ,
un mandement qui lui fera connaître le
contingent de la commune 1.º en cote personnelle ; 2.º en cotes mobiliaires et somptuaires ; en centimes additionnels.

Quant aux administrations municipales
qui n'ont qu'une seule commune , elles
n'ont point , comme les autres , de seconde
répartition à faire , point de mandement à
expédier ; le mandement qui leur sera adressé
par l'administration centrale , déterminera
le contingent de leur commune , tel qu'il
doit être réparti sur les contribuables.

Il reste à s'occuper de la répartition entre
les contribuables.

Elle doit être faite par un jury d'équité ,
dont la formation est clairement expliquée
par les art. 7 , 8 , 9 et 10 de la loi.

L'art. 12 prescrit à l'agent municipal de
rédiger ; et l'art. 14 , de remettre au jury
d'équité , un tableau de tous les contribuables , tant d'après les déclarations reçues ,
que d'après ses connaissances personnelles.

Les jurés d'équité s'assembleront ensuite dans la quatrième décade de la publication du mandement, dans la commune, et s'occuperont de la répartition entre les contribuables ; c'est-à-dire, de la matrice du rôle.

Dans la commune supposée ci-dessus avoir en cote personnelle 7,100 francs, les jurés doivent répartir cette somme, non à raison de 3 francs 55 centimes, par tête ; mais à raison de l'universalité des facultés de tous les habitans non indigens. Ainsi, d'après le tableau que leur aura remis l'agent municipal, ils évalueront les facultés de toute espèce de chacun des contribuables : ils taxeront les moins riches à 1 franc, et 5o centimes, *minimum* de la cote ; d'autres à 3 francs, d'autres à 20 ; d'autres enfin, surtout dans les grandes villes où il se trouve des fortunes considérables, à 120 francs, *maximum* de la cote : ils augmenteront ou diminueront ces cotes, toujours sans dépasser le *maximum* et le *minimum*, jusqu'à ce qu'ils aient absorbé les 21,3oo francs.

Ils établiront ensuite facilement les taxes somptuaires, d'après l'état que leur aura remis l'agent municipal, et les renseignemens qu'ils se seront procurés.

La somme restante sera imposée en cotes mobiliaires. Pour la répartir , les jurés , toujours d'après le tableau ci-dessus , établiront les facultés mobiliaires des contribuables , distraction faite des revenus fonciers , et régleront les cotes mobiliaires , d'après les principes développés dans la présente circulaire.

A mesure que les matrices de rôle seront achevées ; elles seront , conformément à l'art. 23 , arrêtées et signées , tant par les jurés que par l'agent municipal, et remises à l'administration municipale pour l'expédition du rôle.

Le rôle expédié sera remis sur-le-champ au percepteur pour en faire le recouvrement, et la matrice , avec l'état des changemens , sera déposée dans le greffe de la municipalité , pour en être donné communication , sans déplacer , à tout citoyen qui le requerra, et même la copie des articles qu'il demandera , au prix déterminé par la loi.

Il ne nous reste plus qu'à vous rappeler les dispositions de la loi du 30 prairial dernier , concernant la perception.

L'art. I.er porte qu'aussitôt que l'administration municipale aura assigné à chaque commune son contingent dans les deux contributions , foncière et personnelle , deux de ses membres procéderont à l'adjudication de la perception.

Les formes de cette adjudication sont expliquées par les onze premiers articles de la loi du 2 octobre 1791 , sauf quelques changemens nécessités par le nouvel ordre de choses. Vous remarquerez , sur - tout , qu'en 1791 les taxations du percepteur , sur la contribution mobiliaire , étaient fixées à 3 deniers pour liv. , et qu'il n'y avait que celles de la contribution foncière qui pouvaient varier et s'élever jusqu'à douze deniers , tandis qu'aujourd'hui , d'après l'art. 1.er de la loi du 30 prairial , et l'art. 29 de celle du 14 thermidor , les deux contributions doivent être cumulées.

Ainsi, les commissaires chargés par vous de procéder à l'adjudication , doivent d'abord dresser un tableau du montant des deux contributions , tant en principal qu'en sous additionnels.

Nous citerons pour exemple une com

mune dont la contribution foncière serait
de . . . . 10,000 francs,
et la contribution personnelle,
mobiliaire et somptuaire, de . 2,000

TOTAL. . . . 12,600 francs.

Ce tableau formé sera affiché , et dix jours après l'affiche , les commissaires proposeront la perception à six deniers , c'est-à-dire à 300 francs.

Si un citoyen s'en charge à ce taux ou à un taux moins fort , il sera adjudicataire ; s'il ne s'en présente pas , les commissaires procéderont , dix jours après , à une nouvelle réception d'offres, proposeront la perception à 9 deniers , c'est-à-dire , à 450 francs.

S'il ne se trouvait pas alors d'adjudicataire , les commissaires remettront une troisième fois la perception en adjudication , en la portant à douze deniers , c'est-à-dire 600 francs.

Dans le cas où il ne se présenterait alors aucun adjudicataire , l'administration municipale nommera d'office un percepteur qui jouira de douze deniers pour livre.

Vous apercevez , citoyens , que les taxations doivent porter , par égalité proportionnelle , sur les deux contributions. Ainsi , dans la supposition qu'un percepteur est adjudicataire à 6 deniers pour liv. , ces 6 deniers doivent être ajoutés par émargement, tant sur le rôle dé la contribution foncière , que sur celui de la contribution personnelle, mobiliaire et somptuaire.

Nous vous observerons , ainsi que nous l'avons déjà fait par notre lettre du 7 de ce mois , que les membres des administrations municipales , par conséquent les agens et adjoints municipaux ne peuvent être percepteurs : la loi s'y oppose ; et nous devons, ainsi que vous , en maintenir l'exécution.

Lorsque la perception d'une commune aura été adjugée , vous devrez au terme de l'art. 10 de la loi du 2 octobre 1791 , faire dresser procès-verbal , au bas duquel l'adjudicataire signera sa soumission , de se conformer à tout ce qui y est prescrit , et à toutes les lois relatives à la perception , et de conformité à l'art. 11 : vous nous enverrez, de suite , un double de ce procès-verbal.

Au reste , vous vous rappellerez que l'art.

4 de la loi du 30 prairial, permet d'adjuger la perception de tout un canton à un seul percepteur, sur la demande de la majorité des agens municipaux.

Nous vous demandons la plus grande exactitude dans l'envoi des procès-verbaux d'adjudication de la perception, dans les formes que nous venons de vous présenter, le ministre des finances nous prescrivant, par sa lettre du 12 courant, de lui en transmettre, sans délai, les résultats.

Salut et fraternité;

Signé LETERME - SAULNIER, président; VIELIER, BARANGER, GAUDAIS, BRICHET, administrateurs; et LE-TOURNEAU, secrétaire en chef.

A Angers, de l'Imprimerie nationale, chez MAME, Imprimeur du Département.